Sofia L. Arcc

• • • • •

Il segreto

LE MONNIER

www.mondadorieducation.it

Prima edizione: ottobre 2014

Edizioni

10 9 8 7 6

2024

Il Sistema Qualità di Mondadori Education S.p.A. è certificato da Bureau Veritas Italia S.p.A. secondo la Norma UNI EN ISO 9001:2008 per le attività di: progettazione, realizzazione di testi scolastici e universitari, strumenti didattici multimediali e dizionari.

Questo volume è stampato da:
Cartoedit s.r.l. – Città di Castello (Perugia)
Stampato in Italia - Printed in Italy

Redazione	Milvia Messina
Progetto grafico	Sandro Ventura
Impaginazione	Compos 90
Copertina	Alfredo La Posta
Disegni	Siro Garrone

Referenze iconografiche	Thinkstock

Per eventuali e comunque non volute omissioni e per gli aventi diritto tutelati dalla legge, l'editore dichiara la piena disponibilità.

Per informazioni e segnalazioni:
Servizio Clienti Mondadori Education
e-mail *servizioclienti.edu@mondadorieducation.it*
numero verde **800 123 931**

Indice

I personaggi della storia

Alicia (Cattaneo), redattrice
Luca (Valentini), disegnatore
Marina, collega di Alicia
La badante della nonna di Alicia
Signor Cattaneo editore, padre di Alicia
Francesco (Crespi), erede delle acciaierie
Alessandro (Ambrogi), "un pesce lesso"
Avvocato Gerini, amico della zia di Alicia
L'impiegata dell'ufficio del personale
Una portinaia
Un portinaio
Signora Pappalardo, sorella di Vincenzo Lo Cascio
Un'altra collega di Alicia
Tre mafiosi
Quattro poliziotti
Il commissario
Vincenzo (Lo Cascio), ragioniere

I luoghi della storia

Firenze, il Ponte Vecchio

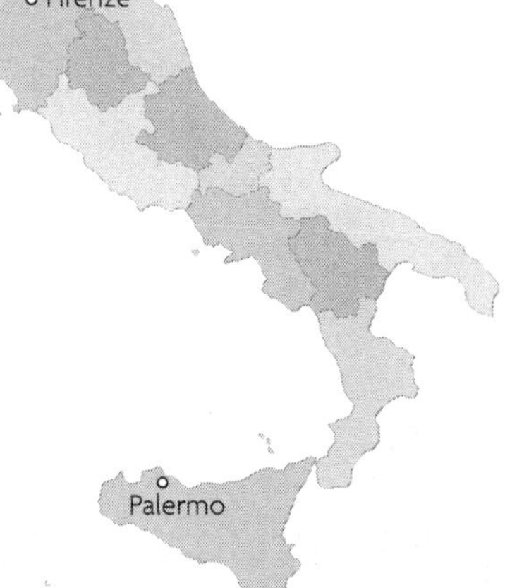

Firenze, Palazzo della Signoria

Fiesole (Firenze), salita al Convento di San Francesco

Palermo, la Cattedrale

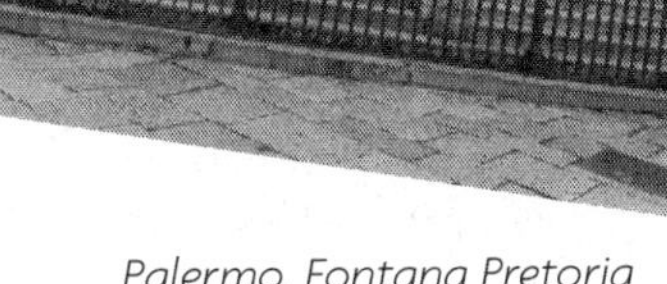

Palermo, Fontana Pretoria

Ferrara, Palazzo Estense

Capitolo 1

Alicia e Luca

È mercoledì mattina. Come fa ogni giorno negli ultimi due mesi, Alicia si alza alle sette per essere in ufficio alle otto e trenta.

Il suo lavoro alla casa editrice Princex le piace molto. Fa la redattrice, lavora con i libri ed è quello che ha sempre sognato, forse perché ha sempre amato leggere e scrivere.

Si trova bene con i colleghi. Sono tutti molto gentili con lei.

Soltanto Luca, uno dei disegnatori, non mostra una grande simpatia per Alicia.

E oggi devono fare un lavoro insieme!

"Accidenti!" dice alla collega Marina che è diventata una cara amica. "Oggi devo lavorare con Luca."

"Luca? Che cos'ha che non va? È così carino! E bravo nel lavoro, anche."

"Sì, so che è considerato il migliore qui. Ma non mi sopporta" replica Alicia.

"E perché?" chiede Marina.

"Perché sono la figlia del capo."

"Beh, non è colpa tua."

"Lo so anch'io, ma lui non la pensa così."

"Sono sicura che cambierà idea. Dopotutto non sei solo la figlia del capo, sei anche una ragazza bella e affascinante."

"Grazie, ma non credo di essere né bella né affascinante. E poi io non ho molta fortuna con gli uomini."

Alicia è sincera. Non si è mai considerata carina. Quando si guarda allo specchio vede una ragazza troppo alta, troppo magra, con una bocca troppo sottile e gli occhi troppo grandi. Infatti il suo ragazzo storico[1] la chiamava "Big Bambi", il grande Bambi. Diceva che con quegli occhi e il suo viso triangolare ricordava il protagonista del cartone animato di Walt Disney!

In quel momento Alicia riceve una telefonata. È la badante[2] che si occupa di sua nonna.

Alicia risponde allarmata. Negli ultimi tempi la nonna non è stata bene e ha paura che sia successo qualcosa.

"Alicia, siamo in ospedale" dice la donna.

"La nonna non è stata bene?" domanda la ragazza.

"No, è svenuta[3]."

"E adesso?"

"Adesso siamo alla clinica San Giovanni per degli accertamenti[4] . Tuo padre l'ha fatta portare qui" risponde la badante.

"Papà è lì con voi?" chiede Alicia.

"No, mi ha detto di chiederti di venire qui. Lui non può."

"Però non posso neanch'io. Ho questo lavoro urgente da fare e... no, dai, vengo... per la nonna."

Alicia vuole molto bene alla nonna. Sua mamma è morta quando aveva quindici anni, e la nonna è stata per lei una specie di mamma.

"D'accordo, vengo."

Alicia chiede a Marina di dire a Luca che torna il più presto possibile. E si precipita fuori[5].

1. *ragazzo storico*: ragazzo che ha frequentato per tanto tempo.
2. *badante*: chi assiste una persona anziana.
3. *è svenuta*: ha perso conoscenza.
4. *accertamenti*: verifiche (analisi) dello stato di salute.
5. *si precipita*: va molto velocemente.

Firenze

Questa storia è ambientata a Firenze. Firenze si trova in Toscana, una regione dell'Italia centrale.
È una città ricca di arte, chiese e monumenti, di cui la maggior parte risale al Rinascimento.

La casa editrice si trova nel centro di Firenze in un palazzo antico. È bello lavorare in centro, ma non ci si può andare in macchina perché non si trova parcheggio. Perciò Alicia va a piedi: passa davanti alla chiesa di Santa Maria Novella dove già alle nove c'è un bel gruppo di turisti.
Nella via principale prende l'autobus che la porta alla clinica nella periferia di Firenze.
È di ritorno in ufficio solo nel pomeriggio. Il dottore l'ha fatta aspettare a lungo. Per fortuna alla fine ha detto che la nonna non ha niente di grave.
In ufficio la prima persona che vede è Luca. I capelli ricci neri sembrano più arruffati[6] che mai.
"Accidenti" pensa Alicia "sembra proprio arrabbiato."
"Ah, ecco la signorina Alicia Cattaneo che arriva con quattro ore di ritardo."
"Ero già venuta in ufficio, ma sono dovuta andare via" risponde imbarazzata Alicia. "Un'urgenza."
"Dovevi scegliere le scarpette per il ballo?" domanda lui ironico.

Santa Maria Novella

Santa Maria Novella (costruita a partire dal 1246) si trova nel centro di Firenze. La facciata, progettata nel 1456 dall'architetto Leon Battista Alberti, è una splendida combinazione di stile gotico e rinascimentale.
All'interno si possono vedere (tra le altre opere): il famoso *Crocifisso* di Brunelleschi, *La Trinità* di Masaccio e i cicli pittorici rinascimentali del Ghirlandaio e di Filippino Lippi.

6. *arruffati*: disordinati.

"Che carogna![7]" pensa Alicia. Ma dice soltanto: "Dai, mettiamoci al lavoro!"
"L'ufficio grafico è occupato" spiega Luca. "Dobbiamo andare nell'ala[8] nuova dove stanno facendo i lavori. Ma a quest'ora hanno già smesso. Gli operai cominciano presto e finiscono presto. Noi invece..."
"Io posso restare per tutto il tempo necessario, anche fino a sera tardi" dice Alicia.
"Ah, grazie mille. Sei gentile."
"Tu non molto" risponde Alicia.

7. *Che carogna!*: Che persona sgradevole!
8. *ala*: parte.

Esercizi capitolo 1

COMPRENSIONE

1. Indica l'alternativa corretta.

1. Dove lavora Alicia?

A In una scuola.
B In una casa editrice.
C In una fabbrica.

2. Ad Alicia piace

A dipingere.
B suonare il pianoforte.
C leggere e scrivere.

3. Luca fa

A il redattore.
B il disegnatore.
C il contabile.

4. A Luca non piace Alicia perché

A è la figlia del capo.
B non è brava nel suo lavoro.
C non è bella.

2. Metti gli eventi che avvengono nel capitolo nel giusto ordine cronologico.

A. Alicia arriva tardi all'appuntamento con Luca. 5
B. All'ospedale è trattenuta dal dottore. 4
C. Alicia deve lavorare con Luca. 1
D. Lei corre all'ospedale. 3
E. La badante della nonna chiama Alicia. 2
F. Luca è irritato con Alicia. 6
G. Alicia e Luca devono andare a lavorare nella nuova ala della casa editrice. 7

LESSICO

3. Scrivi sotto ogni immagine questi nomi di luoghi che compaiono nel capitolo.

chiesa *clinica* *palazzo* *ufficio*

1. PALAZZO

2. CHIESA

3. UFFICIO

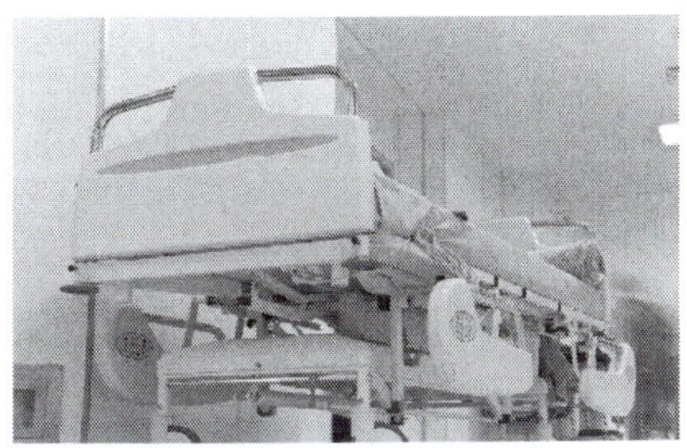

4. CLINICA

4. Cosa fa chi lavora in una casa editrice? Scrivi la parola giusta accanto a ogni definizione.

correttore di bozze *disegnatore* *editor* *redattore*

1. Rivede il contenuto o lo stile degli scritti. ....
2. Si occupa della linea editoriale e di tenere i rapporti con gli autori. ....
3. Rilegge le bozze di un testo e corregge gli eventuali errori. ....
4. Disegna le immagini del testo. ....

Capitolo 2

Una notte insieme

L'ala nuova dell'ufficio è deserta. Ci sono ancora gli strumenti degli operai per terra. Alicia e Luca si siedono nell'unico ufficio già pronto.

I due giovani lavorano senza interruzione per diverse ore. Quando Alicia getta lo sguardo all'orologio, ha un moto di sorpresa[1].

"Ehi, hai visto che ore sono?" esclama.

"Non hai detto che puoi restare all'infinito?" domanda Luca.

"All'infinito no, non l'ho mai detto. Ho detto 'quanto necessario'."

"Beh, abbiamo quasi finito... Restano da guardare due disegni, poi possiamo andarcene" dice Luca.

"Senti che silenzio! Ma non c'è più nessuno?" domanda Alicia.

"Non a quest'ora."

Alicia salta in piedi.

"Mi viene un dubbio!" esclama.

"Cosa?"

1. *ha un moto di sorpresa*: si sorprende, si stupisce.

"Non è che ci hanno chiusi dentro?"
"Ma no! C'è il guardiano."
"Il guardiano non è negli uffici, ma all'ingresso, quattro piani più giù. Forse il personale delle pulizie?"
"No, loro vengono di mattina presto, non di sera. E poi non vengono qui dove stanno facendo i lavori. Qui non puliscono" osserva Luca.
Alicia va alla porta di ingresso e la trova... chiusa.
"Cavolo! Siamo chiusi dentro" esclama.
Torna in ufficio. Prende il cellulare dalla borsetta.
"Adesso chiamo il... No, è scarico!" esclama. "Il tuo cellulare?"
"Non ho il cellulare."
"Come? Non hai un cellulare? Ma com'è possibile? Tutti hanno il cellulare!" esclama Alicia.
"E io non ce l'ho. Non è un delitto[2] non avere il cellulare" protesta lui.
"Possiamo telefonare da qui" suggerisce Alicia.
"No, qui non c'è ancora la linea telefonica. È l'ala nuova, ricordi?"
Alicia si lascia cadere sulla sedia, desolata[3].
"Quindi siamo chiusi dentro davvero!"
"Per la notte soltanto" fa lui. "Cosa dici se, già che ci siamo, finiamo il lavoro?"
"Ma come fai a essere così tranquillo?"
"Beh, non è la prima notte che passo fuori casa e forse neanche tu. Qualcuno si preoccupa se non torni? Papà, fidanzato, sorelle, fratelli?" chiede Luca.
"No, abito da sola. Se sto via una notte nessuno se ne accorge[4]. E tu?"
"Solo soletto anch'io."
Luca sorride. È la prima volta che Alicia lo vede sorridere.
"Quando sorride perde quell'aria che lo fa sembrare sempre arrabbiato" pensa.
Finiscono il lavoro e Alicia, che non ha mangiato tutto il giorno, sente

2. *delitto*: crimine, colpa.
3. *desolata*: sconsolata.
4. *nessuno se ne accorge*: nessuno lo nota.

una gran fame. Ma non vuole dire niente a Luca. Ha intenzione di parlare il meno possibile.
È lui che tira fuori l'argomento[5].
"Che fame!" esclama. "E tu? Non hai fame?"
"Un pochino" mente lei.
"Io ho un panino che non ho mangiato a mezzogiorno" dice Luca.
"Io ho un paio di merendine[6]."
"E l'acqua la possiamo prendere dal lavandino del bagno" suggerisce Luca. "Per fortuna acqua ed elettricità ci sono."
Luca e Alicia mangiano sul tavolo dell'ufficio.
Luca la guarda divertito mentre spacchetta con cura una merendina. E con un coltellino che le ha dato lui la sta tagliando in piccoli pezzi che poi mangia uno a uno.
"L'etichetta[7] anche qui, eh?" dice Luca.
"Pensi che sia strano?"
"Un po'."
"È che quando si cresce in una famiglia come la mia è difficile lasciare certe abitudini. Ti viene in automatico."
Alicia ha finito di mangiare.
"Sono molto stanca" dice. "Ho bisogno di dormire."
"Non c'è un letto e neppure un divano" dice Luca. "Non possiamo dormire sulle sedie perché è troppo scomodo."
"Beh, rimane solo il pavimento, mi pare. Il pavimento duro e freddo."
Luca prende dei fogli di giornale e li stende a terra.
"Possiamo dormire sui giornali, come i vagabondi per strada" suggerisce.
"I vagabondi?"
"Sì, non hai mai visto dove dorme un vagabondo? Stende dei giornali a terra, così."
Alicia vi si sdraia e Luca si sdraia accanto a lei.
"Incredibile" dice Alicia. "Una notte accanto al nemico."

5. *tira fuori l'argomento*: ne parla.
6. *merendine*: cibo che si mangia a merenda, cioè tra un pasto e l'altro; in questo caso è un dolcetto.
7. *etichetta*: le buone maniere.

"Un nemico? È così che mi consideri?"
"Beh, hai sempre mostrato una grande antipatia per me."
"Sì, devo ammettere che all'inizio non mi piacevi. Cioè, non ti conoscevo. Sapevo solo che eri la figlia del proprietario, che eri qui non per merito ma solo per... famiglia. Però poi ho visto che sei brava..."
"Ma ti sono sempre antipatica."
"No, non è vero. Credo di essere solo un po' invidioso."
"Di me?" domanda Alicia.
"Sì, ricca, colta, una bella famiglia..."
Alicia, che è già sdraiata, si mette a sedere.
"Eh no, qui ti sbagli, Luca! La mia famiglia non è proprio bella e forse... forse non è neppure una famiglia. La mamma è morta quando avevo quindici anni, e io sono stata solo con la nonna perché papà era sempre fuori casa per affari. Praticamente non ho avuto una famiglia."
"Scusa, non volevo..."
Alicia si stende di nuovo e anche Luca accanto a lei.
I due restano per qualche minuto in silenzio che è rotto dalla domanda di Alicia:
"E tu?"
"Io cosa?"
"La tua famiglia? Hai detto che abiti da solo, ma sei piuttosto giovane anche tu, no?"
"Ho ventiquattro anni" risponde Luca.
"Dove sono i tuoi genitori?"
"Scusa Alicia, ma preferisco non parlarne. Adesso dormiamo che è meglio."
Alicia si addormenta subito, ma Luca no.
Alla luce che penetra dalla finestra guarda il volto di Alicia addormentato. E sente una strana sensazione che subito scaccia[8].
"Non fare lo stupido" si dice. "Sai bene che è impossibile."
La mattina dopo molto presto arrivano gli operai. Alicia e Luca sono già svegli.

8. *scaccia*: manda via, allontana.

Quando aprono la porta e li trovano lì si mettono a ridere.
"Ehi ragazzi!" fa uno. "Avete lavorato tutta la notte?"
"Già, immagino che genere di lavoro" commenta l'altro.
I due escono dall'ufficio.
"A quest'ora ancora non c'è nessuno, possiamo andarcene senza che ci vedano" dice Luca.
"È meglio che non diciamo a nessuno di questa notte, sei d'accordo?"
"Assolutamente sì, hai visto la reazione di quegli operai? Tutti penserebbero che..."
"Che siamo stati insieme."
"Già."
Luca allunga la mano.
"Non c'è bisogno di una promessa formale, credo" dice Alicia stringendogli la mano.
Luca sorride.
"No, ma mi fa piacere stringerti la mano."
Alicia va di corsa a casa. Non ha dormito bene, ciononostante non si sente stanca, anzi ha una sensazione di euforia. Si fa una doccia veloce e fa una colazione abbondante, poi torna in ufficio.
Non vede Luca tutto il giorno, ma il pensiero di lui non l'abbandona un attimo.
All'ora di chiusura vede Luca fuori, all'entrata della casa editrice.
"Stai aspettando me?" domanda Alicia.
"Sì, proprio te. Hai fame?"
"Sì."
"Vuoi venire a mangiare con me?"
"Non mezzo panino e una merendina, spero" scherza lei.
"No, una vera cena."
Alicia sorride.
"Sì, volentieri" dice.
In cuor suo sa che questo è l'inizio di tutto.

Esercizi capitolo 2

COMPRENSIONE

1. Alicia e Luca restano chiusi nell'ufficio per una serie di circostanze. Quali di queste?

1. Nessuno dei due ha il cellulare. ☐
2. Nell'ufficio non c'è il telefono fisso. ☐
3. Nell'ufficio non c'è elettricità. ☐
4. Il portiere se n'è andato via prima. ☐
5. Il personale delle pulizie viene solo di sera. ☐

2. Vero o falso?

1. Alicia e Luca non hanno niente da mangiare. V F
2. Non possono bere perché non c'è acqua corrente. V F
3. Alicia e Luca dormono uno accanto all'altra. V F
4. Luca dice ad Alicia che lei non gli piaceva perché era invidioso di lei. V F
5. Luca non vuole parlare ad Alicia della sua vita. V F

3. Indica l'alternativa corretta.

La mattina dopo Alicia e Luca si mettono d'accordo per:

A dire agli altri che sono rimasti chiusi nell'ufficio.
B dire soltanto a qualcuno che sono rimasti chiusi nell'ufficio.
C non dire a nessuno che sono rimasti chiusi nell'ufficio.

LESSICO

4. Quali servizi ci sono in genere in una casa? Scrivi queste parole sotto alle immagini.

acqua *elettricità* *gas* *riscaldamento*

1. ....

2. ....

3. ....

4. ....

5. Abbina i verbi nella prima colonna con il seguito corretto nella seconda colonna.

1. stringere	A. antipatia	1 ☐
2. lasciare	B. il silenzio	2 ☐
3. mangiare	C. le abitudini	3 ☐
4. rompere	D. un panino	4 ☐
5. mostrare	E. la doccia	5 ☐
6. fare	F. la mano	6 ☐

Capitolo 3

Tre mesi dopo

Alicia non ha mai avuto una storia d'amore così intensa. Ha avuto diverse relazioni prima di Luca, la più lunga di due anni, ma tutte con ragazzi del suo ambiente. Frequentavano la stessa scuola, andavano alle stesse feste, erano iscritti allo stesso club, partecipavano agli stessi eventi. E soprattutto Alicia non ha mai sentito una passione così forte come quella che prova per quel giovane. Aveva sempre pensato di essere una persona fredda, controllata, ma quando è con Luca i suoi sentimenti sono così intensi che le fanno quasi paura.

Questa sera sono andati a teatro insieme. Luca, che suona il piano, è un grande appassionato di musica classica e ha invitato Alicia a teatro a sentire un concerto: *Le quattro stagioni* di Vivaldi.

Dopo il teatro fanno una passeggiata per il centro di Firenze.

Antonio Lucio Vivaldi (1678-1741)

È stato un compositore e violinista italiano. La sua opera più nota è *Le quattro stagioni*, quattro concerti per violino.

Trieste

È il capoluogo della regione Friuli-Venezia Giulia nel nord-est d'Italia. È una bellissima città affacciata sul mare, molto vicina al confine con la Slovenia.

"Questa città mi piace sempre di più" dice Luca.
"Non mi hai ancora detto da dove vieni di preciso."
"Sì che te l'ho detto. Sono nato a Palermo. Ci sono stato fino ai tre anni, poi ci siamo trasferiti al nord, a Trieste, e lì ho fatto la scuola elementare e la prima media, poi siamo tornati a Palermo. Ci sono stato fino ai vent'anni. Quando papà e mamma sono morti, ho lavorato qua e là..."
"Qua e là dove?"
"Ma non è importante!" esclama Luca.
"Scusa" dice Alicia, "ma sei così misterioso!"
Luca non risponde.
"Ok, lasciamo perdere!" fa Alicia. "Domani c'è una grande festa della mia famiglia, vuoi venire?"
"Una festa del bel mondo, eh?"
"Esattamente. La sorella di mio padre cioè mia zia si sposa per la seconda volta."
"E ci saranno tutti i tuoi amici incravattati?" domanda Luca.
"Non amici miei, amici della mia famiglia" risponde Alicia.
"No, non vengo."
"Per favore! Ho tanto parlato di te a papà."
"Alicia, io..."
Alicia si ferma. Sono in Piazza della Signoria, davanti a Palazzo Vecchio, tra le grandi statue di marmo e di bronzo.
"Luca, tu non vuoi dirmi niente di te."
"Non è vero, di me sai tutto. Ti parlo tutto il tempo di me."
"Sì, questo è vero. Ma non so niente del tuo passato. Non mi hai mai invitato a casa tua e adesso ti rifiuti di venire a casa mia, di conoscere mio papà. Cosa devo pensare? Che quello che c'è tra di noi per te non è una cosa seria? Forse mi consideri solo un'avventura?"
Luca la prende per le spalle.

Piazza della Signoria e Palazzo Vecchio

Palazzo Vecchio (o Palazzo della Signoria) è la sede tradizionale del governo fiorentino, la sua costruzione risale al 1300. Proprio davanti al palazzo e nella Loggia dei Lanzi, a sinistra del palazzo, si possono ammirare sculture famose: la copia del *David* di Michelangelo, il *Perseo* di Cellini e il *Ratto delle Sabine* di Giambologna.

"Guardami Alicia, guardami negli occhi! Per me questa è una storia seria, quello che sento per te è amore, vero amore."

Si abbracciano forte. Alicia sorride.

Sì, sa che Luca la ama, non dubita di questo come non dubita del proprio amore per lui.

"Comunque vengo alla festa. Lo farò per te" dice il ragazzo.

"Sei un tesoro!"

La festa della zia di Alicia è nella villa in campagna della famiglia, sulla collina di Fiesole.

Alla festa Luca non conosce nessuno se non Marina, la loro collega.

"Ah sei qui anche tu!" esclama lei quando lo vede. "Sono contenta. Io ho impiegato due ore a scegliere vestito e acconciatura[1] e ancora non sono adeguata."

"Perché no? Il tuo vestito è molto bello."

"Sì, però non è griffato[2]."

"Credi che si veda?" domanda Luca.

"Secondo me sì. E tu? Anche tu sei elegantissimo."

"Quest'abito l'ho preso in affitto" spiega Luca. "Non possiedo un abito da uomo così e non ho intenzione di comprarlo."

"Mah... se continui a frequentare Alicia, dovrai..." dice Marina. "Eccola che

1. *acconciatura*: pettinatura.
2. *griffato*: firmato da uno stilista famoso.

Fiesole

La cittadina di Fiesole si trova su una collina a circa 6 chilometri da Firenze. È stata una delle più importanti città etrusche. Oggi è una cittadina ricca di bellezze naturali e artistiche, tra cui il Teatro romano che d'estate ospita un'importante manifestazione: l'*Estate fiesolana* con rappresentazioni di musica classica, jazz, danza e teatro.

arriva, cavolo è una visione! E pensa che lei non si considera bella. Sembra una modella."

"Sì, hai ragione, è un sogno" dice Luca.

Alicia prende Luca per mano e gli presenta i membri della sua famiglia. Tra questi il padre, che Luca aveva già visto un paio di volte in casa editrice: un uomo alto, con i capelli grigi e gli occhi chiari come quelli di Alicia.

"Sono contento di conoscerti, Luca" gli dice l'uomo. "So che Alicia ti è molto affezionata."

"Affezionata, papà, non è la parola giusta" interviene Alicia.

"Anch'io sono molto... affezionato a sua figlia, signor Cattaneo" dice Luca.

"Lei è un disegnatore, vero?"

"Sì, come probabilmente sa, lavoro nella sua casa editrice."

"Sì, lo so, lo so. E non ha forse, diciamo, delle ambizioni più alte?"

"Mi piace disegnare. Però dipingo anche" risponde Luca.

"Sì, fa dei quadri molto belli" aggiunge Alicia. "E suona. Il pianoforte."

"Ah, manca soltanto che scriva e abbiamo un artista a 360 gradi" esclama il padre. "Gli artisti esercitano sempre un particolare fascino sulle donne. Ma poi in genere le donne non se li sposano... Scusate, ho visto una persona che devo assolutamente salutare." Il signor Cattaneo si allontana.

Alicia vuole molto bene al padre e ha sempre avuto un ottimo rapporto con lui. Quando lo sente parlare così a Luca, rimane male. Appena ha l'occasione va a parlare con lui.

"Perché ti sei comportato in quel modo con Luca?" gli chiede.

"Perché mi sembra un bravo ragazzo, ma secondo me non è l'uomo giusto per te."

"E qual è l'uomo giusto per me, secondo te?"

"Un uomo del nostro mondo. Un uomo ricco, di successo... quel Luca è un semplice disegnatore."
"Ha solo ventiquattro anni, può ancora fare una gran carriera. Dagli tempo!" esclama Alicia.
"Tu potresti avere tutti i ragazzi che vuoi. Uomini di successo, più adatti a te. Per esempio il figlio dell'Ambrogi, Alessandro, quello che sta ballando con tua cugina Giulia."
"Conosco Alessandro, è un pesce lesso" commenta Alicia.
Il padre indica un altro ragazzo e chiede:
"Cosa mi dici di Francesco Crespi, l'erede delle acciaierie?"
"Sono uscita con Francesco due volte" risponde Alicia. "Parla continuamente di 'cose': orologi, yacht, macchine, sembra un catalogo di oggetti di lusso."
"Va bene, va bene. Ma tra tutti i figli di amici e di gente del nostro ambiente sicuramente ci sarà qualcuno che ti garba[3]."
"Io sto bene con Luca."
"Lo vuoi sposare?"
"Stai scherzando? Matrimonio? Non ti sembra di correre un po' troppo?" chiede Alicia.
"Quindi non è una cosa così seria!" esclama il padre sollevato.
"Certo che è una cosa seria, ma siamo insieme da soli tre mesi. È troppo presto per parlare di matrimonio, non credi?"
"Va bene, forse hai ragione, ma pensa a quello che ti ho detto. Sai che io voglio solo il tuo bene."
"Sì, papà."
Alicia e Luca stanno mangiando insieme quando un uomo si avvicina. È uno degli amici della zia di Alicia.
"Mi scusi. Ma sa che a me sembra di conoscerla? Lei non è per caso un parente del signor Lo Cascio?"
"Lo Cascio? No, il mio cognome è Valentini."
"Il fatto è che lei assomiglia tantissimo a un certo signor Lo Cascio con cui avevo rapporti d'affari anni fa a Palermo."

3. *ti garba*: ti piace.

Alicia guarda Luca che è diventato pallido come un lenzuolo e che riesce a stento a dire:
"Io... non lo... conosco, io, questo signor Lo Cascio."
"D'accordo, però le assicuro che la somiglianza è davvero sconvolgente. Due gocce d'acqua. Anche quel neo che ha sul mento, è identico al suo."
Quando l'uomo si allontana Alicia esclama:
"Strano, eh!?"
"Sì, però sai come si dice..." replica Luca. "Ognuno ha un sosia al mondo, uno che gli assomiglia esattamente."
"Io questa cosa non l'ho mai sentita" risponde Alicia. "E continuo a pensare che sia tutto davvero strano."
Alicia nota che Luca è diventato cupo[4] e taciturno.
"Cos'hai?" chiede.
"Non lo so. Credo di non sentirmi bene. Vado a casa."
Alicia cerca di convincerlo a restare, ma inutilmente.
Prima di mezzanotte Luca se ne va dalla festa.

4. *cupo*: chiuso, pensieroso.

Esercizi capitolo 3

COMPRENSIONE

1. Indica l'alternativa corretta.

1. Alicia e Luca escono insieme e sono
   - [x] A innamorati.
   - [ ] B sposati.
   - [ ] C divorziati.

2. Alicia si lamenta con Luca perché lui non le racconta niente
   - [ ] A di sé.
   - [x] B del suo passato.
   - [ ] C del suo lavoro.

3. Alicia invita Luca alla festa
   - [ ] A per il suo compleanno.
   - [ ] B di suo padre.
   - [x] C di sua zia.

4. Alicia trova Luca .... ragazzi che ha frequentato fino a questo momento.
   - [x] A molto diverso dai
   - [ ] B molto simile ai
   - [ ] C per alcuni aspetti simile ai

2. Rispondi alle seguenti domande riguardo al seguito della storia.

1. Alla festa Luca incontra il padre di Alicia. Come si comporta il padre con Luca? Perché? Cosa fa Alicia?

   ....

   ....

2. Un uomo si avvicina a Luca e ad Alicia. Che cosa dice al ragazzo?

   ....

   ....

LESSICO

3. Abbina ogni aggettivo con il suo contrario.

1. freddo	A. sciatto	1	☐
2. cupo	B. colorito	2	☐
3. taciturno	C. caloroso	3	☐
4. elegante	D. loquace	4	☐
5. pallido	E. allegro	5	☐

4. Alicia dice che Alessandro è "un pesce lesso". Questa espressione significa:

- A antipatico e insopportabile
- B prepotente e aggressivo
- C noioso e insignificante

Capitolo 4

Scomparso

Il giorno dopo Alicia e Luca mangiano insieme come sempre in un piccolo bar vicino all'ufficio.
Alicia sfoglia il giornale che ha trovato su uno dei tavolini. Vede una foto che mostra a Luca.
"Hai visto? La festa della zia!"
"È un evento mondano così importante?" domanda Luca.
"Sì, le feste della mia famiglia finiscono sempre sul giornale. E guarda... qui ci siamo anche noi!"
Luca guarda la foto: su un lato si vede Alicia e accanto a lei Luca.
"Siamo belli, vero?" chiede Alicia.
Luca non risponde. Alicia nota che gli tremano le labbra e che è impallidito.
"Cos'hai? Di nuovo non ti senti bene come ieri sera?" domanda la ragazza.
"No, no, va tutto bene. Però adesso mangiamo! In ufficio ho un sacco di cose da fare."
"Ok, ma sei strano, sai?"
Un quarto d'ora dopo i due tornano in ufficio. Alicia vorrebbe vedere Luca di sera, ma lui dice che è stanco.
"Vado a letto presto e cerco di farmi passare questo malessere" aggiunge.

Stanno per entrare in ufficio quando Luca la ferma. Le prende le mani nelle sue e avvicina le labbra alla bocca di Alicia, ma non la bacia. Resta così qualche secondo e poi dice:
"Alicia, io ti amo. E voglio che tu te lo ricordi. Per sempre. Qualsiasi cosa succeda."
"Qualsiasi cosa succeda? Perché parli così?"
"Perché..." In quel momento passano due colleghi.
"Che teneri[1]!" scherza uno.
Luca non completa la frase, invece dice: "Adesso è davvero meglio che rientriamo."

Il giorno dopo, quando Alicia arriva in ufficio, va subito a cercare Luca, ma non c'è ancora.
"Strano" pensa lei "lui arriva sempre in anticipo."
Torna un'ora dopo, ma di nuovo non lo trova. L'ufficio è vuoto. Va da un collega che lavora spesso con Luca. Gli chiede se sa dove sia.
"No, dovevo incontrarlo anch'io per un lavoro, ma non si è fatto ancora vedere" risponde lui.
Sono le undici e Alicia è inquieta. Continua a chiamare Luca su skype. È l'unico modo che ha di raggiungerlo, ma il computer di Luca risulta sempre spento.
Va nell'ufficio del personale.
"Forse ha chiamato lì" pensa. "Forse è malato o è successo qualcosa."
All'ufficio del personale l'impiegata le dice che Luca ha chiamato e ha anche mandato un fax.
"Un fax, e perché?" domanda Alicia.
"Perché Luca si è licenziato. L'ho appena comunicato al direttore" dice lei.
Alicia non crede alle sue orecchie.
"Come licenziato?" esclama. "Ma non è possibile! Posso vedere il fax?"
"No, mi dispiace, Alicia... Esiste una legge sulla privacy e noi siamo tenuti a rispettarla."

1. *teneri*: dolci, romantici.

"Ma è il mio fidanzato!" esclama la ragazza.
"Quindi puoi chiederlo direttamente a lui, no?"
Alicia esce di corsa. Va a casa di Luca. Non è mai salita fino al suo appartamento, ma sa dove abita. L'appartamento di Luca è al quarto piano.
Alicia suona il campanello diverse volte, ma non risponde nessuno.
Una signora che la vede si avvicina.
"Buongiorno" le dice. "Sta cercando...?"
"Luca, Luca Valentini. Lei è la portinaia[2]?" chiede Alicia.
"Sì, sono io. Ieri Luca ha pagato un mese di affitto anticipato e stamattina presto se n'è andato. L'ho visto uscire con una valigia."
"Stamattina? Con una valigia?"
"Sì, proprio così."
"Ha lasciato un indirizzo, un numero di telefono, qualcosa?" chiede Alicia.
"No, niente, mi dispiace."
Alicia si mette una mano sul petto.
"Cos'ha, signorina? Non si sente bene?" le domanda preoccupata la portinaia.
"No, grazie, non è niente" risponde lei.

Alicia non torna in ufficio. Va a casa. Cerca ancora di mettersi in comunicazione con Luca attraverso skype e gli scrive la centesima mail.
"Dove sei, Luca? Dove sei?" continua a ripetere. "Perché te ne sei andato? Perché?"
Quando suona il cellulare fa un salto. Crede, spera che sia lui. Invece è la sua amica Marina.
"Alicia, ho saputo. Perché Luca si è licenziato? Cosa è successo?" domanda.
Invece che risponderle, Alicia scoppia a piangere.
Marina si precipita a casa sua. Trova Alicia seduta nel salotto di casa sua a rimuginare.
"Adesso devi solo dimenticarlo" gli dice Marina. "Evvia! Con tutta la gente che ti sta dietro non deve essere difficile."

2. *portinaia*: donna che vigila su un palazzo, femminile di "portiere" o "portinaio".

"No, no, no. Lui mi ama, me lo ha detto anche ieri. E me lo ha detto con un tono... Continuo a pensarci e sono sempre più convinta che mi stava dicendo addio."
"E quindi? D'accordo, ti ama, ma se n'è andato" ribadisce[3] Marina.
"Sì, ma ci deve essere una ragione, una ragione che non conosco. Senti, Marina, lo devo trovare."
"Lo vuoi cercare?"
"Sì, sì."
"Ma hai un indirizzo, un numero di telefono, qualcosa?" domanda Marina.
"No, niente. Niente di niente. Ma forse c'è una persona che mi può dire qualcosa, che mi può mettere sulla strada giusta..."

3. *ribadisce*: ribatte, insiste.

Esercizi capitolo 4

COMPRENSIONE

1. Indica l'alternativa corretta.

1. Il giorno dopo Alicia e Luca vedono sul giornale la foto

- [A] degli invitati alla festa.
- [B] di Marina.
- [C] del padre di Alicia.

2. Luca dice ad Alicia che

- [A] le vuole bene.
- [B] non vuole più vederla.
- [C] la ama.

2. Metti gli eventi che avvengono nel capitolo nel giusto ordine cronologico.

A. Dall'ufficio Alicia va direttamente a casa di Luca. ☐
B. Torna nell'ufficio di Luca dopo un'ora, ma ancora lui non c'è. ☐
C. Va all'ufficio del personale e qui le dicono che Luca si è licenziato. ☐
D. Alicia cerca Luca in ufficio, ma non lo trova. [1]
E. La portinaia le dice che Luca se n'è andato. ☐

3. Rileggi l'ultima parte del capitolo e rispondi alle seguenti domande.

1. Alicia è con Marina. Che cosa le consiglia l'amica?

....

....

....

2. Che cosa ha intenzione di fare Alicia?

....

....

....

LESSICO

4. Indica l'alternativa corretta.

1. "Ho *un sacco* di cose da fare" significa:
A Ho alcune cose da fare.
B Ho molte cose da fare.
C Ho poche cose da fare

2. *Rimuginare* significa:
A brontolare.
B dormicchiare.
C riflettere.

3. Alicia *non crede alle sue orecchie*. Che cosa significa questa espressione?
A Alicia non sente bene.
B Alicia non crede a quello che sente.
C Alicia non capisce quello che gli altri le dicono.

5. Scrivi le parole corrette accanto alle definizioni.

bar campanello cellulare giornale labbra portinaio/a

1. Sono una parte della bocca: ....
2. Vi si leggono le notizie del giorno: ....
3. Si suona per chiamare qualcuno che è in casa: ....
4. Vigila all'ingresso di un palazzo: ....
5. Telefono portatile: ....
6. Il luogo dove si può bere un caffè: ....

Capitolo 5

Indagini

Il signor Gerini è un avvocato. Il suo studio è nel centro di Firenze, non lontano dalla casa editrice.
Quando Alicia entra, lui l'accoglie in modo cordiale, tendendole la mano.
"Sono molto impegnato in questi giorni, signorina, ma non si rifiuta un favore a una Cattaneo. Cosa posso fare per lei?"
"Lei ricorda quel ragazzo che era con me alla festa?" chiede Alicia.
"Sì, quel ragazzo alto, bruno, con i ricci."
"Ricorda anche che aveva detto qualcosa a proposito di una somiglianza di questo ragazzo con una persona di sua conoscenza?"
"Ma sì, certo che lo ricordo. Mi ricordava tantissimo un uomo che avevo conosciuto a Palermo anni fa: un certo Vincenzo Lo Cascio."
"Vincenzo Lo Cascio" ripete lei.
"Sì, era un ragioniere."
"Aveva pensato che fosse lui?" domanda Alicia.
"No, dieci anni fa Vincenzo Lo Cascio aveva trentacinque, quarant'anni. Sinceramente avevo pensato che fosse suo figlio. A quel tempo aveva circa 14, 15 anni."
"E lei per caso ha ancora l'indirizzo di questa persona?" domanda Alicia.

"Carcere dell'Ucciardone."
"Come? Carcere?"
"Eh sì, signorina, Vincenzo Lo Cascio è in carcere" ripete l'avvocato.
"E perché?"
"Storie brutte, storie di mafia, non le posso dire altro."
"E il figlio?" chiede Alicia.
"Non lo so. Io ho letto del processo e della condanna sul giornale."
"Ma non ha ancora un indirizzo di dove abitava, o di qualche parente?" domanda ancora Alicia.
"Sì, devo avere ancora l'indirizzo in un file sul computer!"
L'avvocato digita sulla tastiera.
"Eccolo!" esclama. "Via delle Rose 4, Palermo."
Alicia se lo appunta su un foglietto.
"Perché mi chiede queste cose?" domanda l'avvocato.
"Perché Luca è scomparso" risponde Alicia.
"Scomparso, intende dire morto?"
"No, no..., è sparito."
"Lei lo vuole cercare, quindi? Non è meglio che se ne occupi la polizia?" chiede l'avvocato.
"No, niente polizia" replica Alicia con sicurezza.
"Non mi sembra una grande idea. Potrebbe anche essere pericoloso."
Alicia scuote la testa.
"Non lo so. Io so solo che lo voglio trovare. La ringrazio per tutto."
"Mi saluti sua zia!"

Alicia è in volo per Palermo. Ha tutto il fine settimana per le sue indagini. L'amica Marina voleva accompagnarla, ma Alicia ha preferito andare da sola.
Atterrata all'aeroporto, prende un taxi che la porta direttamente in via delle Rose. Al numero 4 c'è una palazzina di tre piani bianca e con grandi balconi. Sui pulsanti del citofono[1] all'esterno Alicia non vede il nome di Lo Cascio.

1. *citofono*: telefono interno che mette in comunicazione stanze o appartamenti di un edificio con la porta d'ingresso esterna.

Palermo

La città di Palermo si trova in Sicilia, una regione e isola dell'Italia meridionale.
È il quinto comune italiano per popolazione dopo Roma, Milano, Napoli e Torino. Palermo è una città ricca di fascino dove cupole arabe convivono con chiese barocche e palazzi nobiliari settecenteschi.

"Come immaginavo" si dice. Suona il campanello del portinaio che esce in strada. È un signore di mezz'età con dei grandi baffi che la guarda con curiosità.
"Sta cercando qualcuno?" le chiede.
"Sì, la famiglia Lo Cascio."
"Lo Cascio? Ma non abitano più qui da almeno cinque anni."
"Sì, lo so, ma questo è l'ultimo indirizzo che ho" replica Alicia.
Il portinaio abbassa la voce quando dice:
"Lei sa che questo... Lo Cascio è in carcere..."
"Sì, lo so, ma vede io... io..."
"È meglio se continuiamo a parlare dentro, signorina. Non stiamo in strada!"
Il portinaio e Alicia entrano nella palazzina.
"Stavo dicendo" continua Alicia "che io conosco il figlio di Lo Cascio..."
"Ah, Lorenzo!"
Alicia capisce che Lorenzo è Luca che ha cambiato nome e conferma:
"Lorenzo? Sì, Lorenzo."
"Anche lui non lo vedo da anni, se n'è andato quando hanno arrestato il padre."
"E la madre?" domanda Alicia.
"Morta anni fa."
"Lei sa se ci sono parenti, zie, nonni...?"
Il portinaio la guarda con diffidenza.
"Ma lei perché sta cercando Lorenzo?" chiede l'uomo. "Non è della polizia?"
"No, certo che no. Lo sto cercando per ragioni... sentimentali. Senta... se mi aiuta..."

Alicia gli porge[2] una banconota che il portinaio accetta.
"Cavolo, quindi quello che si vede nei film in televisione funziona!" pensa Alicia.
"D'accordo, le scrivo l'indirizzo della sorella di Vincenzo Lo Cascio. Abita dall'altra parte di Palermo. Non porta il cognome del fratello, è sposata e ha preso il nome del marito, Pappalardo" dice il custode.
Alicia ringrazia. Sta per andarsene quando il portiere l'avverte:
"Io, fossi in lei, starei attento, signorina, molto attento."

Alicia riprende il taxi per andare nella via scritta sul foglietto. Impiega quasi un'ora a causa del traffico intenso.
"Accidenti! C'è più traffico che a Firenze!" pensa Alicia.
Quando arriva, è quasi mezzogiorno. La signora Pappalardo abita in una villetta fatiscente[3] alla periferia della città.
"Qui non c'è nessun portinaio a cui chiedere."
Alicia suona il campanello, ma non risponde nessuno. Si guarda intorno: la strada è deserta.
"Non mi resta che aspettare" si dice. "Speriamo che non torni stasera."
Per far passare il tempo Alicia legge un libro, ma non riesce a concentrarsi. Passano due ore.
"Che noia! Forse è meglio che prenda una stanza in un albergo e che torni stasera perché qui..." pensa.
In quel momento vede una donna arrivare. Sta aprendo il cancello della villetta.
Alicia le si avvicina.
"Buongiorno, mi chiamo Alicia Cattaneo. Posso parlarle, signora?"
La donna la guarda con diffidenza, quasi con paura.
"Cosa vuole?" domanda.
"Delle informazioni riguardo a Lorenzo, suo nipote."
"Io non so niente di Lorenzo. Se ne vada!"
"Per favore, signora. Voglio solo sapere dove trovarlo."

2. *porge*: dà.
3. *fatiscente*: che cade in rovina.

"Io non lo so. Io non so niente."
La donna entra in casa e sta per chiudere la porta quando Alicia dice:
"Va bene. Se lei non mi dice niente, forse mi saprà dire qualcosa la polizia."
La signora riapre la porta.
"No, va bene. Le dirò quello che so, ma non qui. Entri, per favore!"
"Come il custode" pensa Alicia. "Hanno tutti paura che qualcuno li veda?"
Alicia si siede sul piccolo divano a fiori del salotto. La donna prepara un caffè e intanto racconta.
Racconta quello che è successo cinque anni prima: perché Lorenzo è sparito e ha cambiato nome.
Però effettivamente la donna non sa dove si trovi Lorenzo, alias Luca. Non hanno più avuto nessun contatto.

Alicia torna a Firenze. In aereo pensa a quello che le ha raccontato la zia di Luca.
Cinque anni prima hanno arrestato il padre di Luca per la sua collaborazione con la mafia. Lo hanno condannato a quindici anni. Prima dell'arresto il padre ha parlato con Luca, gli ha detto che doveva nascondersi. La mafia pensava che avesse rubato dei soldi e che li avesse nascosti da qualche parte. Potevano pensare che il figlio sapesse.
"Ti cercheranno" gli aveva detto. Luca aveva lasciato subito Palermo: la casa, l'università che frequentava, gli amici. Era scomparso.

Alicia è in ufficio. Il lavoro la aiuta a non pensare a Luca.
È mezzogiorno. Sta andando in pausa quando una collega entra nel suo ufficio con una giacca in mano.
"Questa era ancora nell'ufficio di Luca" dice.
Alicia prende la giacca e l'accarezza.
"Luca l'aveva anche la prima volta, quando siamo rimasti chiusi nell'ufficio" pensa.
"Abbiamo dormito coperti da questa giacca" pensa. Poi le viene in mente di frugare nelle tasche. Vi trova soltanto un foglietto con un numero di

Ferrara

Ferrara si trova nella regione dell'Emilia Romagna. La città ha un passato glorioso, infatti nel Basso Medioevo e nel Rinascimento sotto la famiglia degli Este diventò un centro artistico di grande importanza. Di questo passato rimangono un centro rinascimentale ancora intatto e il Castello Estense.

telefono. Il prefisso è 0532. Alicia cerca velocemente su Internet e trova che è il prefisso di Ferrara.

Telefona subito. Risponde la voce di una segreteria telefonica:

"Il Pierrot, aperto tutti i giorni dalle 18 alle 24. Per happy hour, aperitivi, cene, buffet freddi."

"Un locale, è un locale!" pensa Alicia. "Forse Luca ha trovato lavoro lì. Domani è sabato. Vado a Ferrara."

Questa volta non dice niente a Marina. Da quando ha saputo che la mafia sta cercando Luca, la sua amica è diventata apprensiva[4]. Continua a dirle di lasciar perdere, che è pericoloso, che quel ragazzo non vuole farsi trovare, che deve assolutamente dimenticarlo. Ma lei non vuole sentir ragioni. Non ha mai amato nessuno come Luca ed è decisa a lottare per lui.

4. *apprensiva*: che si preoccupa facilmente.

Esercizi capitolo 5

COMPRENSIONE

1. Rispondi alle seguenti domande riguardo alla prima parte del capitolo.

1. Alicia va dall'avvocato che lei e Luca hanno incontrato alla festa. Cosa gli chiede?
2. L'avvocato dice che Luca gli ricordava un'altra persona. Chi?
3. Alicia decide di partire per indagare. Dove va? Perché?

2. Indica l'alternativa corretta.

1. Alicia trova l'appartamento dove abitava la famiglia di Luca. In quell'appartamento...

A abita ancora la zia di Luca.
B abita ancora il padre di Luca.
C non abita più nessuno della famiglia Lo Cascio.

2. Alicia riesce a trovare la zia di Luca. Questa le dà informazioni

A perché non vuole che Alicia vada alla polizia.
B perché non ha paura della mafia.
C perché vuole bene al nipote Luca.

3. Completa il seguente brano riguardo all'ultima parte del capitolo.

nascondersi *hanno condannato* *aver rubato* *hanno arrestato*

Cinque anni prima (1) .... il padre di Luca e lo (2) .... per aver collaborato con la mafia. La mafia accusa il padre di (3) .... i suoi soldi ed è convinta che li abbia nascosti da qualche parte. Forse crede anche che il padre abbia detto a Luca dove sono questi soldi. Per non farsi trovare dalla mafia, Luca continua a (4) ....

4. Indica l'alternativa corretta.

1. Alicia torna a Firenze. In ufficio una collega le dà .... che apparteneva a Luca.

A una maglietta
B una giacca
C una camicia

2. Nell'indumento Alicia trova un foglietto che la porterà in un'altra città. Quale?

A Mantova.
B Roma.
C Ferrara.

LESSICO

5. Abbina i verbi nella prima colonna con il seguito corretto nella seconda colonna.

1. essere	A. quindici anni	1 ☐
2. parlare	B. ragioni	2 ☐
3. rifiutare	C. un favore	3 ☐
4. avere	D. impegnato	4 ☐
5. prendere	E. con qualcuno	5 ☐
6. non sentire	F. un taxi	6 ☐

Capitolo 6

Ferrara

Alicia parte subito dopo il lavoro e arriva a Ferrara a tarda sera. Va direttamente al locale. È un locale grande, piuttosto buio e pieno di gente.

Alicia sta per sedersi a un tavolo in un angolo quando vede un ragazzo che porta un vassoio con dei bicchieri. Si alza e gli si avvicina.

"Luca!" dice.

Il giovane si volta di scatto.

"Cosa fai qui, Alicia?" esclama. "Come mi hai trovato?"

"L'indirizzo nella tua giacca... e poi tua zia mi ha raccontato tutto... Io..."

"Mia zia? Cosa stai dicendo? Io... ma aspetta, non qui!"

Luca porta il vassoio al bancone, poi prende Alicia per mano.

"Usciamo, andiamocene" le dice.

"Ma il tuo lavoro?" domanda lei.

"Il mio turno finisce tra cinque minuti. Dai, usciamo!"

Sono fuori dal locale. Luca si guarda intorno con sospetto.

"No, non mi ha seguito nessuno" dice Alicia. "Almeno credo. Ma non mi abbracci neanche, Luca? Anzi, dovrei dire Lorenzo?"

"Luca, Lorenzo, che importa?" esclama lui che l'abbraccia e la bacia.

"Scusami, scusami per tutto, non potevo dirti niente, ma adesso ce ne dobbiamo andare, me ne devo andare..."
"Ma perché? Sì, so che hai paura della mafia, ma ancora adesso, dopo tanto tempo?"
"Sì, e ho le mie ragioni. Andiamo a casa mia adesso!"
Luca di nuovo si guarda intorno. I due camminano svelti fino a casa sua, un piccolo appartamento in uno dei palazzi della città medievale.
Una volta a casa, seduti in un minuscolo salotto, Luca le spiega che la mafia lo sta ancora cercando, ne è sicuro.
"I soldi che mio padre ha rubato sono tanti... decine di milioni di euro."
"Ma li ha rubati veramente, allora?" chiede Alicia.
"Lui dice di no, ma io non gli credo. Mio padre è un bugiardo di prima classe."
"E tu per cinque anni hai fatto questa vita: scappare da una città all'altra?"
"Più o meno."
"Ma poi perché te ne sei andato da Firenze così improvvisamente? Per quell'uomo che ha notato la somiglianza tra te e tuo padre?"
"Anche, ma soprattutto per la fotografia sul giornale" risponde Luca. "Qualcuno poteva vederla e allora sarebbe stato molto facile trovarmi."
"Perché non sei andato alla polizia?"
"La polizia non mi può proteggere."
"Ma..."
"Niente ma, Alicia." Luca si alza di scatto. "Niente ma... E adesso vattene!"
"No, Luca. Io ho fatto tanto..."
"Vattene, ti ho detto."
"Ma Luca, noi ci amiamo."
"No, Alicia, io non ti amo, non ti amo. E adesso esci per favore. Non ti voglio più vedere."
"Non puoi dire sul serio."
"Invece non sono mai stato così serio in vita mia, Alicia. E te lo dico per l'ultima volta: vattene!"
Alicia scoppia a piangere ed esce di corsa. Corre via per le strade deserte di Ferrara. Passa vicino al Castello e arriva al parcheggio dove ha lasciato

la macchina. Sta per salire quando si accorge che ha dimenticato la borsa a casa di Luca.
"Devo tornarci. Mi fa male rivederlo, ma nella borsa ho tutto. Documenti, soldi..."
Torna a casa di Luca in macchina. Sta per scendere quando vede Luca uscire dal portone. Non è solo però, è seguito da tre uomini. Lo spingono in una macchina.
"Oh, Dio, no! Questi sono i mafiosi. Quindi mi hanno seguito! Che stupida sono stata, e adesso? Povero Luca! Cosa posso fare? Li seguo e intanto chiamo la polizia."
Alicia segue la macchina, attenta a non farsi vedere. La macchina esce da Ferrara, percorre una strada di campagna dove passano pochissime auto. Alicia sta attenta a mantenere una certa distanza per non farsi vedere.
La macchina si ferma davanti a una villa. Alicia parcheggia lontano, nascosta da un boschetto. Dalla macchina intravede gli uomini scendere con Luca ed entrare nella villa.
Alicia telefona alla polizia. Dice che hanno rapito una persona, dà l'indirizzo della villa e il suo nome.
In dieci minuti arrivano due macchine della polizia.
Si fermano davanti alla villa. Alicia scende dall'auto e va incontro ai poliziotti.
"Sono io che vi ho chiamato" dice. "Il mio amico è lì dentro con quegli uomini."
"È sicura che lo abbiano rapito?" domanda uno dei poliziotti.
"Sì, sono sicura. Quegli uomini lo cercano da anni. Credono che sappia dove sono certi soldi."
"Quali soldi?"
"Soldi rubati alla mafia."
"Va bene, adesso vediamo" replica uno dei poliziotti che scende dalla macchina con i suoi colleghi.
I poliziotti bussano alla porta della villa.
"Ma perché bussate? Non fate irruzione[1]?" chiede Alicia.

1. *fare irruzione*: entrare impetuosamente.

"No, dovremmo avere un mandato[2], signorina, e non c'è stato tempo..."
Un uomo in giacca e cravatta apre la porta.
"Posso fare qualcosa per voi, signori?" domanda.
"Abbiamo ricevuto una segnalazione" risponde il poliziotto. "In questa villa trattenete una persona contro la sua volontà."
"Un rapimento? No, signori. Noi non abbiamo rapito proprio nessuno."
"Possiamo dare un'occhiata?"
"Avete un mandato?"
"No, signore." L'uomo mostra dalla porta la stanza dove, attorno a un tavolo, sono seduti quattro uomini.
"Come vede, stavamo cenando insieme. Torni dopo con un mandato e saremo lieti di mostrarle che qui non c'è proprio nessun ragazzo rapito."
"Ragazzo!" urla Alicia. "Ha detto ragazzo. Voi non avete detto che si trattava di un ragazzo!"
"È vero, signore" dice il poliziotto. "Insisto, possiamo dare un'occhiata in giro?"
"E io le rispondo come prima" risponde l'altro con durezza. "Volentieri, ma con un mandato."
Il poliziotto annuisce.
"D'accordo, torniamo con un mandato."
"Noooo!" grida la ragazza. "Luca è lì dentro, ne sono sicura." Entra spingendo e corre per le stanze della casa inseguita dall'uomo.
Alicia grida: "Luca, Luca", ma viene afferrata dall'uomo. Mentre la spinge fuori, su un tavolino in un angolo della stanza Alicia vede la sua borsa.
"Quella è la mia borsa!" grida e si avvicina al tavolino per prenderla.
"Ma non dire sciocchezze!" dice l'uomo che continua a spingerla verso la porta.
"Agente, quella è la mia borsa" dice Alicia. "L'avevo lasciata a casa di Luca. L'hanno portata qui loro."
"È sicura?"
"Certo che sono sicura."
Il poliziotto entra con decisione.

2. *mandato*: ordine, incarico ufficiale.

"Se questa borsa è della signorina allora si tratta di furto e non abbiamo bisogno di un mandato."
Il poliziotto entra con la ragazza. Lei prende la borsa dal tavolino e gli mostra il portafoglio con i documenti. "Vede? Sono i miei."
Gli uomini seduti al tavolo intanto si sono alzati.
"Abbiamo ragione di credere che qui sia trattenuto..." comincia a dire il poliziotto, ma non finisce la frase. Uno degli uomini ha tirato fuori la pistola, prende Alicia per il braccio e se ne fa scudo.
"Adesso noi ce ne andiamo" dice; e poi, rivolto ai poliziotti:
"Una mossa e la ragazza è morta."
Sempre facendosi scudo di Alicia, l'uomo insieme ai compagni va alla macchina. Vi sale con Alicia. Anche gli altri uomini salgono sull'auto e vanno via molto rapidamente.
I poliziotti rimangono lì senza poter fare niente.
Per fortuna, appena fuori dal cancello, gli uomini lasciano scendere la ragazza.
Lei torna di corsa alla villa. I poliziotti intanto sono all'interno e stanno cercando Luca.
Lo trovano legato nel seminterrato.
Ha un livido[3] nero sotto l'occhio e un po' di sangue sul labbro.
"Ehi, cosa ti hanno fatto?" chiede Alicia abbracciandolo.
"Niente, per fortuna siete arrivati in tempo. Si preparavano a un interrogatorio."
"Quale interrogatorio?" chiede il poliziotto.
"È una storia lunga" dice Luca.
"Una storia che adesso ci racconterai al commissariato" dice uno dei poliziotti.
Luca guarda Alicia che dice:
"Dai, racconta tutto, Luca! Sono sicura che ti aiuteranno a risolvere questo problema."
Luca scuote la testa dubbioso.
"Va be'" dice infine.

3. *livido*: segno bluastro.

Al commissariato Alicia è seduta accanto a Luca.
"Anche se non mi ami più, voglio starti vicino" gli dice.
Lui sorride. "Sei una sciocca, Alicia. Davvero mi hai creduto quando ti ho detto che non ti amavo più? Io ti amo sempre, anche più di prima. Più che mai adesso che mi hai anche salvato la vita."
"Sì, però quegli uomini ti hanno trovato a causa mia; credo, almeno."
"Mi hai salvato la vita lo stesso" ripete lui.
"Sono contento che voi siate innamorati, ma adesso aspetto una spiegazione, ragazzi" dice il commissario.
Luca racconta tutto, del padre, del tesoro, dei mafiosi, dei suoi continui trasferimenti...
"Potrei proporle un programma di protezione" dice il commissario. "Una nuova identità, una nuova residenza, ma in fondo è quello che ha fatto lei fino a questo momento."
"Sì, potrei continuare così."
"Per tutta la vita?"
"No, fino a quando mio padre non esce di prigione."
"E allora sarà lui in pericolo."
"Non m'importa niente di mio padre. È un bugiardo, un mafioso, io lo detesto..."
"Capisco la delusione..."
"No, è più di una delusione" reagisce lui. "Anche prima della condanna, lui non è mai stato un vero padre con me. Era sempre... Oh, lasciamo perdere! Mio padre ha e avrà tutto quello che si merita."
"Io capisco. Ma è suo padre la soluzione di questo pasticcio."
Il commissario spiega la sua idea a Luca che all'inizio rifiuta con decisione, ma poi...

Esercizi capitolo 6

COMPRENSIONE

1. Metti gli eventi che avvengono nel capitolo nel giusto ordine cronologico.

A. Si accorge che ha lasciato la borsa a casa di Luca e torna a prenderla. ☐
B. Luca le dice che non la vuole più vedere. ☐
C. Il ragazzo la porta a casa sua. ☐
D. Alicia sta per scendere dalla macchina quando vede Luca uscire di casa. ☐
E. Alicia è a Ferrara dove ritrova Luca. [1]
F. Alicia lascia l'appartamento di Luca e va a prendere la macchina. ☐

2. Completa questa breve sintesi di una parte del capitolo.

borsa campagna mafia mandato porta scudo

Luca è con degli uomini. Alicia pensa che siano appartenenti alla (1) .... Salgono su una macchina e si allontanano. Alicia decide di seguirli. Arrivano a una villa in (2) .... Alicia telefona alla polizia. Quando i poliziotti arrivano, lei spiega loro cosa è successo. I poliziotti bussano alla (3) .... della villa, ma non possono entrare perché non hanno un (4) .... Però Alicia sa che Luca è nella casa ed entra. Nella casa vede la sua (5) .... È la prova che Luca è lì con loro. Ma l'uomo l'afferra e si fa (6) .... di Alicia.

3. Rispondi alle seguenti domande.

1. Dove trovano Luca i poliziotti?
2. Luca e Alicia sono al commissariato. Che cosa propone inizialmente il commissario a Luca?
3. Perché a Luca non importa niente del padre?

LESSICO

4. Abbina aggettivo e sostantivo.

1. deserta	A. uomo	1 ☐
2. bugiardo	B. strada	2 ☐
3. nero	C. sera	3 ☐
4. tarda	D. livido	4 ☐

5. Indica l'alternativa corretta.

1. Un'altra parola per *seminterrato* è
   - A solaio.
   - B cantina.
   - C garage.
2. *Ha commesso un furto* significa che
   - A qualcuno ha rubato qualcosa.
   - B qualcuno ha portato via una persona contro la sua volontà.
   - C qualcuno ha ucciso una persona.
3. Il *vassoio* si usa per portare
   - A vestiti.
   - B bicchieri.
   - C libri e penne.
4. *Farsi scudo* significa
   - A usare qualcuno per proteggersi.
   - B indossare una giacca per proteggersi.
   - C usare un'arma per proteggersi.

Capitolo 7

Epilogo

Tre giorni dopo Luca è a Firenze.
Lui e Alicia si sono dati appuntamento a Ponte Vecchio.
Luca è stato a Palermo a parlare con suo padre. È la prima volta che lo vede da quando lo hanno arrestato.
"Allora? Com'è andata?" chiede Alicia.
"È stato... non lo so... non trovo le parole per definirlo. Lui era veramente felice di vedermi. Ha detto che pensa sempre a me. Mi ha scritto decine di lettere, ma io non le ho mai ricevute perché avevo lasciato la casa di Palermo."
"Gli hai chiesto dei soldi?"
"Sì, ha detto che li ha presi lui. Il giorno dopo ha parlato con la polizia e hanno recuperato 80 milioni di euro."
"Cavolo!"

Ponte Vecchio

Il Ponte Vecchio è un ponte antichissimo ed è uno dei simboli di Firenze. Attraversa il fiume Arno nel suo punto più stretto. Sul Ponte Vecchio si trovano botteghe e negozi di orafi. Il Ponte Vecchio è particolarmente affascinante e romantico al tramonto.

"Domani comparirà su tutti i giornali. Un bel titolone tipo: Trovato il tesoro della mafia."
"Adesso che non possono più avere i soldi ti lasceranno in pace."
"Credo di sì. Mio padre ha detto che se vogliono vendicarsi lo faranno su di lui, non su di me. Però lui non crede di correre rischi perché adesso che ha collaborato lo proteggono."
"Quindi adesso puoi vivere sereno?" chiede Alicia.
"Sì, sereno e soprattutto con te."
"È quello che vuoi fare?"
"Sì, è esattamente quello che voglio fare. Non ho mai desiderato niente così tanto nella mia vita."
"Adesso però c'è un'altra battaglia da affrontare."
"Cioè?"
"La mia famiglia."
"Ma... quella non mi preoccupa. Ho affrontato una guerra, cosa vuoi che sia una battaglia?"

Esercizi capitolo 7

COMPRENSIONE

1. Rispondi alle seguenti domande.

1. Dove si sono dati appuntamento Luca e Licia?
2. Dov'è stato Luca?
3. Da quando non vedeva il padre?
4. Perché Luca non ha ricevuto le lettere del padre?
5. Quanti soldi ha recuperato la polizia?

2. Indica l'alternativa corretta.

1. A chi appartenevano i soldi recuperati?

A Alla famiglia di Luca.
B Alla mafia.
C Allo Stato.

2. Adesso la mafia

A cercherà ancora Luca e suo padre.
B non cercherà più Luca e suo padre.
C proteggerà Luca e suo padre.

3. Quale *battaglia* deve affrontare adesso Luca?

A La famiglia di Alicia.
B Ottenere un lavoro migliore.
C La propria famiglia.

Esercizi conclusivi

LA TRAMA

1. Metti gli eventi della storia nel giusto ordine cronologico.

A. Luca va a una festa con Alicia e dopo la festa scompare. ☐
B. Alicia svolge delle indagini per ritrovare Luca. ☐
C. Alicia e Luca si innamorano. ☐
D. Tutto si risolve, Luca può vivere tranquillo accanto ad Alicia. ☐
E. Una notte restano chiusi in ufficio insieme. ☐
F. Alicia e Luca si detestano. [1]
G. Luca si trova a Ferrara dove lavora in un bar. ☐

2. Qual è il segreto di Luca? Spiegalo con parole tue.

....

....

I PERSONAGGI

3. Completa con il nome corretto dei personaggi.

Gerini *Il signor Cattaneo* *Marina* *Luca* *Alicia*

1. È la protagonista della storia: ....
2. La protagonista si innamora di lui: ....
3. È il padre di Alicia: ....
4. Una collega di Alicia: ....
5. L'avvocato: ....

I LUOGHI

4. La vicenda si svolge in diverse città d'Italia. Scrivi il nome corretto della città per ogni descrizione.

Firenze *Ferrara* *Palermo* *Fiesole*

Si trova in provincia di Firenze, su una collina, ed è ricca di bellezze naturali e artistiche.

1. ....

È stata un importante centro nel Medioevo e nel Rinascimento e si trova in Toscana. Monumento-simbolo della città è il Ponte Vecchio.

2. ....

Si trova nel sud d'Italia, in Sicilia. È una città con un passato denso di storia e con un centro ricco di costruzioni barocche.

3. ....

Città degli Este, si trova nella regione dell'Emilia Romagna. È stata un importante centro artistico nel Rinascimento.

4. ....

LESSICO

5. Nella storia che hai letto vengono nominate diverse professioni. Abbina la definizione al nome corretto.

1. avvocato	A. tiene la contabilità e amministra il denaro di privati o aziende.	1	☐
2. ragioniere	B. lavora in una casa editrice.	2	☐
3. redattore	C. fa un lavoro creativo.	3	☐
4. artista	D. sfila in passerella.	4	☐
5. modella	E. lavora nel suo studio e in tribunale.	5	☐

6. Ne *Il segreto* vengono usati molti aggettivi. Trova l'intruso in ogni riga.

1. superficiale	intenso	forte	serio
2. freddo	passionale	controllato	distaccato
3. bello	affascinante	insignificante	carino
4. allegro	strano	cupo	taciturno

Esercizi di **grammatica**

FUTURO

1. **Carlotta si trasferisce a Napoli. Questi sono i suoi progetti. Volgi i verbi al futuro.**

Esempio:

Carlotta vuole alzarsi sempre presto. → Carlotta si alzerà sempre presto.

1. Vuole lavorare in una casa editrice.
2. Vuole incontrare un ragazzo simpatico.
3. Vuole trovare un bell'appartamento.
4. Vuole fare sport per tenersi in forma.
5. Vuole andare al mare nel fine settimana.
6. Vuole scrivere ogni giorno ai suoi genitori.

2. **Questi invece sono i progetti di altre persone. Trasforma al futuro le frasi con il verbo *volere*.**

Esempio:

Tommaso vuole leggere il nuovo romanzo di Lucarelli. → Tommaso leggerà il nuovo romanzo di Lucarelli.

1. Vogliamo giocare a calcio ogni sabato con i nostri amici.
2. Cesare e Fabrizio vogliono migliorare la loro conoscenza dell'inglese.
3. Volete imparare a ballare?
4. Voglio andare in vacanza in luglio.
5. Vuoi comprare una casa in montagna?
6. Gianna e Luisa vogliono sposarsi giovani.

PASSATO PROSSIMO

3. Completa questo breve riassunto di un celebre romanzo italiano, *I Promessi Sposi*, con le forme corrette del passato prossimo.

Renzo e Lucia ..hanno progettato... (*progettare*) di sposarsi, ma il potente don Rodrigo glielo (1) .... (*impedire*) perché vuole Lucia per sè. Egli (2) .... (*cercare*) di rapirla, lei però (3) .... (*riuscire*) a fuggire. Con l'aiuto di Fra Cristoforo, un frate di buon cuore e di gran coraggio, (4) .... (*trovare*) rifugio a Monza. Lucia è stata nuovamente rapita dall'Innominato, un altro potente a cui si è rivolto don Rodrigo, ma questi la (5) .... (*lasciare*) libera perché commosso dalla sua purezza.

Intanto Renzo (6) .... (*trovare*) lavoro a Brescia da un cugino. Ma (7) .... (*scoppiare*) un'epidemia di peste. Renzo e Lucia (8) .... (*ammalarsi*), ma entrambi (9) .... (*riuscire*) a guarire. Infine i due (10) .... (*ritrovarsi*) e con l'aiuto di Fra Cristoforo (11) .... (*sposarsi*).

Da allora (12) .... (*vivere*) felici e contenti.

CONGIUNTIVO PRESENTE

4. Indica l'alternativa corretta.

1. Credo che la nonna **sta** / **stia** bene.
2. Ha detto che **voglia andare** / **vuole andare** in spiaggia questo pomeriggio.
3. Non si è mai chiesto se questo quadro **gli piaccia** / **gli piace** veramente.
4. Vogliamo che tu **venga** / **vieni** presto a trovarci.

CONDIZIONALE

5. Completa la tabella con la forma corretta del condizionale presente.

	guardare	andare	volere	potere
io	guarderei			
tu				
lui/lei				
noi				
voi				
loro				

6. Scrivi i verbi tra parentesi alla forma corretta del condizionale passato.

Esempio: Io (scrivo) una mail. → Io avrei scritto una mail.

1. Giorgio (beve) del tè. ....
2. Noi (usciamo) presto. ....
3. Tu (regali) un libro al tuo amico. ....
4. Voi (state) a casa. ....
5. Loro (lavorano) tutto il tempo. ....
6. Io (vengo) con voi. ....

TEMPI VERBALI DELL'INDICATIVO E DEL CONGIUNTIVO

7. Indica l'alternativa corretta.

1. Alicia non credeva che Luca .... colpevole di qualcosa.
   A sia B fosse C era
2. Penso che Arturo .... domani.
   A arrivasse B sarebbe arrivato C arriverà
3. È uscito senza salutare la zia perché non
   A la vedeva. B l'aveva vista. C l'ha vista.
4. La foto .... ieri a mezzogiorno.
   A era scattata B è scattata C è stata scattata

5. .... subito, Tommaso!

A Mangia — B Mangiate — C Mangi

6. .... mangiare adesso, signor Bianchi?

A Vorreste — B Volesse — C Vorrebbe

7. Stavo passeggiando in strada quando .... un incidente.

A vedevo — B stavo vedendo — C ho visto

PERIODO IPOTETICO

8. Abbina la prima parte della frase con il giusto seguito.

1. Se potesse partire subito — 1 ☐
2. Se si trovasse bene con i colleghi — 2 ☐
3. Se mi piacesse il film — 3 ☐
4. Se dovessero lavorare con Giacomo — 4 ☐
5. Se non fosse bella e affascinante — 5 ☐
6. Se ci fosse pericolo — 6 ☐

A. non resteremmo qui.
B. se ne andrebbe anche domani.
C. non avrebbe tanti corteggiatori.
D. sarebbe più gentile.
E. lo rivedrei.
F. si preparerebbero meglio.

Dossier

Vuoi approfondire la tua conoscenza di queste città italiane? Leggi il Dossier qui di seguito.

Firenze, Palermo, Ferrara, città molto diverse, che però hanno in comune un elemento molto importante: sono tutte città ricche di attrattive storico-artistiche e culturali.

FIRENZE

Firenze è tra le più famose città d'arte in Italia e nel mondo. Qui si trova la **Galleria degli Uffizi**, un museo ricco di capolavori dell'arte medievale e rinascimentale come *La nascita di Venere* e *La Primavera* di Sandro Botticelli, *L'Annunciazione* di Leonardo da Vinci e tanti altri dipinti celebri.
Gli Uffizi sono il museo più visitato d'Italia (quasi 2 milioni di visitatori all'anno!).

Tra gli altri luoghi d'arte più conosciuti di Firenze vi sono la **Cattedrale di Santa Maria del Fiore** con la Cupola del Brunelleschi e il Campanile di Giotto, la **Galleria dell'Accademia**, dove è conservata la celebre statua del *David* di Michelangelo, le chiese di **Santa Maria Novella** e **Santa Croce**, **Palazzo Pitti**.

Firenze è anche il luogo di nascita di personaggi famosi, o dove molti grandi artisti del passato hanno iniziato la loro opera.
Dante Alighieri, autore della celeberrima *Divina Commedia*, nasce a Firenze nel 1265. **Filippo Brunelleschi** nasce in que-

sta città nel 1377 e diventa famoso per la costruzione della cupola della Cattedrale di Santa Maria del Fiore.
Leonardo da Vinci, il grande genio del Rinascimento, nasce non lontano da Firenze (a Vinci) nel 1452 e a Firenze inizia il suo percorso artistico. Abbandona però presto Firenze per lavorare a Milano e in altre città.
Michelangelo Buonarroti, grande pittore, scultore e poeta del Rinascimento italiano, nasce nel 1475 a Caprese vicino ad Arezzo nel 1475, ma la sua famiglia appartiene alla nobiltà fiorentina. Infatti cresce a Firenze dove diventa uno dei più famosi artisti di tutti i tempi.

La cucina fiorentina

Se vai a Firenze, assaggia le specialità gastronomiche locali come la ribollita o la pappa al pomodoro. La più nota è la **bistecca alla fiorentina**, che in genere è alta 5-6 cm e pesa più di un chilo, da gustare rigorosamente al sangue.

1. Rispondi alle seguenti domande.

1. Qual è il museo più importante di Firenze?
2. Qual è la specialità gastronomica fiorentina più famosa?
3. Quali sono le sue caratteristiche?

2. Abbina la descrizione al personaggio.

1. Grande genio del Rinascimento	A. Filippo Brunelleschi	1 ☐
2. Famoso pittore, scultore e poeta	B. Dante Alighieri	2 ☐
3. Progetta la cupola del Duomo di Firenze	C. Leonardo da Vinci	3 ☐
4. Scrive la *Divina Commedia*	D. Michelangelo Buonarroti	4 ☐

PALERMO

Palermo si trova in Sicilia ed è la città più grande di quest'isola (la più grande isola del Mediterraneo). Vi si trovano le testimonianze artistiche e architettoniche dei diversi popoli che l'hanno occupata nel corso dei secoli. Infatti Palermo è ricca di cupole arabe, residenze di epoca normanna, chiese barocche, teatri neoclassici, costruzioni in stile liberty e vivacissimi mercati che risalgono a un lontano passato.
Da visitare a Palermo: la Cattedrale, la Chiesa della Martorana con i suoi mosaici di epoca bizantina, la Cappella Palatina e il Palazzo dei Normanni, la Fontana Pretoria e i mercati popolari di Ballarò e della Vucciria.

La cucina siciliana

La cucina siciliana è famosa in tutto il mondo. Particolarmente apprezzata la pasticceria con i **cannoli siciliani**, dolci fritti ripieni di crema di ricotta di pecora, gocce di cioccolato e frutta candita o pistacchi grattugiati.

3. Rispondi alle seguenti domande.

1. Dove si trova Palermo?
2. Cosa si può visitare a Palermo?
3. Quale specialità della cucina siciliana è particolarmente apprezzata?

FERRARA

Ferrara è una città di arte e di cultura che si trova nella regione dell'Emilia Romagna. Fu governata dagli Este, una famiglia nobile tra le più potenti in Europa nel periodo rinascimentale. Il Castello Estense è senz'altro la principale attrazione della città. Qui si possono visitare le segrete, le sale maestose dei piani superiori, ricche di affreschi, e la Loggia degli Aranci. Ferrara ha un bellissimo centro rinascimentale ed è circondata da antiche mura, un fatto particolare perché poche città (Lucca e Padova) conservano ancora le mura di cinta dell'epoca medievale-rinascimentale.

La cucina dell'Emilia Romagna

A Ferrara si possono gustare le specialità della cucina dell'Emilia Romagna, famosa in tutta Italia e nel mondo per le sue prelibatezze e soprattutto per i **piatti di pasta**: tagliatelle al ragù, lasagne al forno, tortellini. Inoltre è proprio dall'Emilia Romagna che provengono il Parmigiano Reggiano, il prosciutto crudo di Parma e la mortadella di Bologna.

4. Completa.

1. Ferrara si trova ....
2. Gli Este erano ....
3. Nel Castello Estense si possono visitare ....
4. Ferrara è circondata da ....

5. Scrivi i nomi di alcune specialità della cucina dell'Emilia Romagna.

....

Soluzioni degli esercizi

Capitolo 1, pagina 10
Esercizio 1: 1 B – 2 C – 3 B – 4 A

Esercizio 2: 1 C – 2 E – 3 D – 4 B – 5 A – 6 F – 7 G

Esercizio 3: 1 palazzo – 2 chiesa – 3 ufficio – 4 clinica

Esercizio 4: 1 redattore – 2 editor – 3 correttore di bozze – 4 disegnatore

Capitolo 2, pagina 17
Esercizio 1: 2

Esercizio 2: 1 F – 2 F – 3 V – 4 V – 5 V

Esercizio 3: C

Esercizio 4: 1 gas – 2 acqua – 3 riscaldamento – 4 elettricità

Esercizio 5: 1 F – 2 C – 3 D – 4 B – 5 A – 6 E

Capitolo 3, pagina 25
Esercizio 1: 1 A – 2 B – 3 C – 4 A

Esercizio 2: Possibili risposte:
1 Il padre è cortese con Luca ma gli dice che le donne non sposano gli artisti perché non hanno un futuro nel lavoro. Alicia arrabbiata va a parlare con il padre.
2 Che nota una forte somiglianza con un signore che aveva conosciuto a Palermo alcuni anni prima.

Esercizio 3: 1 C – 2 E – 3 D – 4 A – 5 B

Esercizio 4: C

Capitolo 4, pagina 31
Esercizio 1: 1 A – 2 C

Esercizio 2: 1 D – 2 B – 3 C – 4 A – 5 E

Esercizio 3: Possibili risposte:
1 Le consiglia di dimenticare Luca.
2 Vuole cercare Luca.

Esercizio 4: 1 B – 2 C – 3 B

Esercizio 5: 1 labbra – 2 giornale – 3 citofono – 4 portinaio/a – 5 cellulare – 6 bar

Capitolo 5, pagina 39
Esercizio 1: Possibili risposte:
1 Gli chiede aiuto per ritrovare Luca.
2 Gli ricordava il padre, Vincenzo Lo Cascio.
3 Alicia decide di andare a Palermo perché l'avvocato le ha dato il vecchio indirizzo di Luca.

Esercizio 2: 1 C – 2 A

Esercizio 3: 1 hanno arrestato – 2 hanno condannato – 3 aver rubato – 4 nascondersi

Esercizio 4: 1 B – 2 C

Esercizio 5: 1 D – 2 E – 3 C – 4 A – 5 F – 6 B

Capitolo 6, pagina 47
Esercizio 1: 1 E – 2 C – 3 B – 4 F – 5 A – 6 D

Esercizio 2: 1 mafia – 2 campagna – 3 porta – 4 mandato – 5 borsa – 6 scudo

Esercizio 3: 1 Nel seminterrrato. – 2 Un programma di protezione. – 3 Perché è un bugiardo e un mafioso.

Esercizio 4: 1 B – 2 A – 3 D – 4 C

Esercizio 5: 1 B – 2 A – 3 B – 4 A

Capitolo 7, pagina 51
Esercizio 1:
1 A Ponte Vecchio.
2 A Palermo a parlare con suo padre.
3 Da quando lo avevano arrestato.
4 Perché aveva lasciato la casa di Palermo.
5 Ottanta milioni di euro.

Esercizio 2: 1 B – 2 B – 3 A

Esercizi conclusivi, pagina 52

Esercizio 1: 1 F – 2 E – 3 C – 4 A – 5 B – 6 G – 7 D

Esercizio 2: Aperto

Esercizio 3: 1 Alicia – 2 Luca – 3 Il signor Cattaneo – 4 Marina – 5 Gerini

Esercizio 4: 1 Fiesole – 2 Firenze – 3 Palermo – 4 Ferrara

Esercizio 5: 1 E – 2 A – 3 B – 4 C – 5 D

Esercizio 6: 1 superficiale – 2 passionale – 3 insignificante – 4 allegro

Esercizi di grammatica, pagina 54
Esercizio 1: 1 lavorerà – 2 incontrerà – 3 troverà – 4 farà – 5 andrà – 6 scriverà

Esercizio 2: 1 giocheremo – 2 miglioreranno – 3 imparerete – 4 andrò – 5 comprerai – 6 si sposeranno

Esercizio 3: 1 ha impedito – 2 ha cercato – 3 è riuscita – 4 ha trovato – 5 ha lasciata – 6 ha trovato – 7 è scoppiata – 8 si sono ammalati – 9 sono riusciti – 10 si sono ritrovati – 11 si sono sposati – 12 hanno vissuto

Esercizio 4: 1 stia – 2 vuole andare – 3 gli piaccia – 4 venga

Esercizio 5: guardare: io guarderei, tu guarderesti, lui/lei guarderebbe, noi guarderemmo, voi guardereste, loro guarderebbero
andare: io andrei, tu andresti, lui/lei andrebbe, noi andremmo, voi andreste, loro andrebbero
volere: io vorrei, tu vorresti, lui/lei vorrebbe, noi vorremmo, voi vorreste, loro vorrebbero
potere: io potrei, tu potresti, lui/lei potrebbe, noi potremmo, voi potreste, loro potrebbero

Esercizio 6: 1 avrebbe bevuto – 2 saremmo usciti – 3 avresti regalato – 4 sareste stati – 5 avrebbero lavorato – 6 sarei venuto

Esercizio 7: 1 B – 2 C – 3 B – 4 C – 5 A – 6 C – 7 C

Esercizio 8: 1 B – 2 D – 3 E – 4 F – 5 C – 6 A

Esercizi Dossier, pagina 59
Esercizio 1: 1 Gli Uffizi. – 2 La bistecca alla fiorentina. – 3 È alta 5-6 cm e pesa più di un chilo.

Esercizio 2: 1 C – 2 D – 3 A – 4 B

Esercizio 3: 1 In Sicilia. – 2 La Cattedrale, la Chiesa della Martorana, la Cappella Palatina e il Palazzo dei Normanni, la Fontana Pretoria, i mercati di Ballarò e della Vucciria. – 3 I cannoli siciliani.

Esercizio 4: 1 in Emilia Romagna. – 2 una famiglia nobile del Rinascimento. – 3 le segrete, le sale dei piani superiori, la Loggia degli Aranci – 4 antiche mura.

Esercizio 5: Aperto.